AF369945

626

VENTE DU MARDI 16 MAI 1893

HOTEL DROUOT, SALLE N° 7

A 2 HEURES 1/2

TABLEAUX

MODERNES

Pastels, Aquarelles et Dessins

EXPOSITION PUBLIQUE

LE LUNDI 15 MAI 1893

De 1 heure à 5 heures 1/2

Mᶜ LÉON TUAL

COMMISSAIRE-PRISEUR

56, rue de la Victoire, 56

M. EUG. FÉRAL, peintre

EXPERT

54, Faubourg-Montmartre, 54

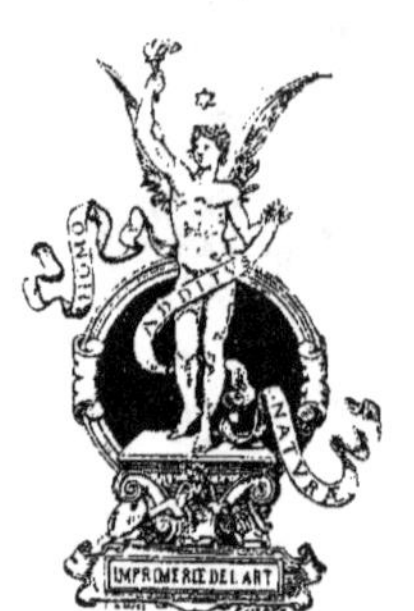

CATALOGUE

DE

TABLEAUX MODERNES

ŒUVRES DE

**Chaigneau, Daumier, Français, V. Gilbert
Harpignies, Jongkind, Lépine**

ET DE

Bergeret, Brémond, Calderon, Flameng, Ch. Frère,
Jeannin, J. Héreau, E. Muraton, Ochoa, A. Perret, Schenck,
Vernier et Yon

AQUARELLES, DESSINS & PASTELS

par

Allongé, J. L. Brown, Butin, Gérôme, Gœneutte, Madeleine Lemaire,
Maréchal, etc.

DONT LA VENTE AURA LIEU

HOTEL DROUOT, SALLE N° 7

Le Mardi 16 Mai 1893

à 2 heures 1/2

COMMISSAIRE-PRISEUR	EXPERT
Mᵉ LÉON TUAL	**M. EUG. FÉRAL**, peintre
56, rue de la Victoire, 56	54, Faubourg-Montmartre, 54

Chez lesquels se trouve le présent Catalogue

EXPOSITION PUBLIQUE

Le Lundi 15 Mai 1893, de 1 heure à 5 heures 1/2

CONDITIONS DE LA VENTE

Elle sera faite expressément au comptant.

Les acquéreurs payeront *cinq pour cent* en sus des adjudications, applicables aux frais de la vente.

Paris. — Imp. de l'Art, E. Ménard et Cie, 41, rue de la Victoire.

DÉSIGNATION

TABLEAUX MODERNES

BARILLOT

1 — *Pâturage.*

Esquisse.

BERGERET

2 — *Des Huîtres, des crevettes, un citron entamé, etc.*

BOIS-LECOMTE
(ED. DE)

3 — *La Fin de la journée.*

4 — *Les Remontrances.*

BRÉMOND

5 — *Petit Pêcheur de Saint-Jacut.*

CALDERON

(C. C.)

6 — *La Douane et l'Église de la Salute, à Venise.*

Effet de soleil couchant.

CHAIGNEAU

7 — *Rentrée du troupeau.*

Signé à gauche.

Haut., 37 cent.; larg., 45 cent.

8 — *Pâturage.*

DANSAERT

9 — *Le Coin du Jeu.*

DAUMIER

10 — *Buveur et fumeur.*

Haut., 27 cent.; larg., 34 cent.

FLAMENG

(AUGUSTE)

11 — *La Tamise, aux environs de Londres.*

FRANÇAIS

12 — *La Seine, à Bougival.*

Signé à gauche.

Haut., 45 cent.; larg., 54 cent.

13 — *Coucher de soleil au bord d'une rivière.*

Signé à droite.

Haut., 40 cent.; larg., 32 cent.

FRERE

(CHARLES)

14 — *Le Chemin du marché.*

GILBERT
(VICTOR)

15 — *La Moisson.*

Signé à gauche.

Haut., 45 cent.; larg., 54 cent.

HARPIGNIES

16 — *Paysage.*

Haut., 30 cent.; larg., 44 cent.

HÉREAU
(JULES)

17 — *Les Ramasseuses d'huîtres, à Cancale.*

JEANNIN

18 — *Bouquet de roses.*

JONGKIND

19 — *Coucher de soleil au bord d'un canal.*

Signé à gauche.

Haut., 51 cent.; larg., 79 cent.

LÉPINE

20 — *Bords de rivière.*

Signé à droite.

Haut., 46 cent.; larg., 55 cent.

21 — *La Seine à l'île Saint-Denis.*

Signé à gauche.

Haut., 37 cent.; larg., 54 cent.

MURATON
(Mme EUPH.)

22 — *Pêches et prunes.*

OCHOA
(R. DE)

23 — *Carmen.*

24 — *Plage.*

PERRET
(AIMÉ)

25 — *L'Aube.*

ROSSERT

26 — *Sur la plage.*

SCHENCK

27 — *Troupeau de moutons pris dans un tour-billon de neige.*

VERNIER
(ÉMILE)

28 — *Les Ramasseuses d'huîtres, à Cancale.*

29 — *Marine ; soleil couchant.*

30 — *La Grande Rue, à Écouen.*

31 — *Le Retour de la pêche, à Douarnenez (Finistère).*

32 — *Les Dunes, à Roskoff.*

33 — *Chaumière, en Normandie.*

34 — *Bateaux partant pour la pêche, à Yport.*

35 — *Bateaux amarrés.*

VERNIER
(ÉMILE)

36 — *Rochers, dans la forêt de Fontainebleau.*

37 — *Chaumière, à Malesherbes (Loiret).*

38 — *Bateaux de pêche, à Cancale.*

39 — *Bateaux sur la Meuse (Hollande).*

40 — *Bateaux de pêche, au soleil couchant.*

41 — *Coupe de bois, à Écouen.*

42 — *Les Falaises, à Yport.*

43 — *Un Village, dans le Jura.*

44 — *Les Dunes, à Concarneau.*

45 — *Chemin dans les Dunes, à Concarneau.*

YON
(EDMOND)

46 — *Les Bords de la Seine.*

AQUARELLES ET PASTELS

ALLONGÉ

47 — *La Seine, à Chatou.*
> Aquarelle.

48 — *A travers bois.*
> Aquarelle.

49 — *Les Bords du Loing.*
> Aquarelle.

50 — *Dans la forêt.*
> Aquarelle.

BRÉMOND

51 — *Marchande d'oranges dans les rues de Paris.*
> Pastel.

BERTRAND

52 — *Onze dessins à la plume.*

BROWN

(J. L.)

53 — *Trois dessins.*

BUTIN

(ULYSSE)

54 — *Femme de pêcheur.*

Aquarelle.

FRENCH

(SAMUEL)

55 — *Neuf dessins.*

GÉROME

56 — *Un Crieur public, à Rome.*

Dessin.

GŒNEUTTE

57 — *Neuf dessins.*

GOUBIE
(R.)

58 — *Deux dessins.*

LEMAIRE
(Mlle MADELEINE)

59 — *Fleurs dans un carafon de cristal.*
Aquarelle.

LE VILLAIN

60 — *Fleurs des champs.*
Aquarelle.

MARÉCHAL
(H.)

61 — *Retour de l'Italie.*
Pastel.

MARÉCHAL
(H.)

62 — *La Récolte des champignons.*
Pastel.

OCHOA
(R. DE)

63 — *Femme de Séville.*
Pastel.
Salon de 1892.

ROSSERT

64 — *Au jardin.*
Aquarelle.

65 — *Le Repos.*
Aquarelle.

66 — *La Gorge aux loups.*
Aquarelle.

67 — *Rêverie, au bord de la mer.*
Feuille d'éventail, à l'aquarelle.

ROSSERT

68 — *Sous les pommiers.*
Pastel.

69 — *La Jeune Fille à la chèvre.*
Aquarelle.

STEINLEN

70 — *Sept dessins.*

TRISTAN-LACROIX

71 — *Un dessin.*

VERNIER
(ÉMILE)

72 — *Bateaux partant pour la pêche.*
Aquarelle ayant figuré à l'Exposition Centennale de 1889.

73 — *Cours d'eau, à Saint-Raphael (Var).*
Aquarelle.
Exposition Centennale de 1889.

VERNIER

(ÉMILE)

74 — *Le Pont de bois.*

> Aquarelle.
> Exposition Centennale de 1889.

75 — *Bateaux sur la Tamise.*

> Dessin au fusain rehaussé de blanc.

76 — *Entrée de village.*

> Aquarelle.

77 — *Maisons de pêcheurs (Angleterre).*

> Aquarelle.

78 — *Groupe de maisons.*

> Aquarelle.

79 — *Rue de village.*

> Aquarelle.

80 — *Marine, par un temps d'orage.*

> Aquarelle.

VERNIER

(ÉMILE)

81 — *Le Port de Saint-Yves (Angleterre).*
Aquarelle.

82 — *Maisons de tanneurs, à Salins (Jura).*
Aquarelle.

83 — *Vue prise à Saint-Raphael (Var).*
Aquarelle.

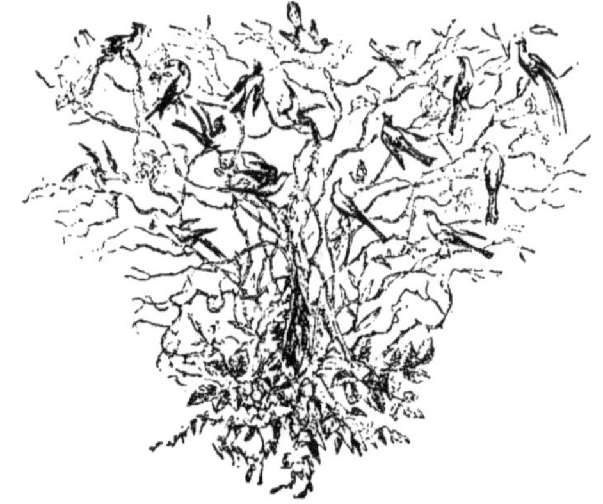